Bellamy Muyaya

Sauver un jeune talent de la rue

Bellamy Muyaya

Sauver un jeune talent de la rue

Tant que mon cœur bat il y aura toujours un cœur pour penser à la jeunesse Africaine

Éditions Muse

Cover image: www.ingimage.com

Publisher:
Éditions Muse
is a trademark of
Dodo Books Indian Ocean Ltd., member of the OmniScriptum S.R.L Publishing group
str. A.Russo 15, of. 61, Chisinau-2068, Republic of Moldova Europe
Printed at: see last page
ISBN: 978-620-3-86495-3

Titre : SAUVER UN JEUNE TALENT DE LA RUE

Introduction

Cet ouvrage cible la jeunesse de l'Afrique précisément subsaharienne il nous montre la condition de vie des jeunes et ce qu'il faut faire d'une part pour la jeunesse subsaharienne. D'autre part beaucoup de jeunes en Afrique n'ont pas été au banc de l'école, non pas par leur propre volonté, mais par manque de moyens financiers.

Sauver un jeune talent de la rue C'est l'aider à répondre à ses besoins de base et lui permettre de grandir dans des conditions dignes, propices à son bien-être, et son épanouissement. Chaque jeune de la rue se sent tout d'abord, et avant tout différent des autres. Sans repères, sans cadre d'écoute, ni solution.

C'est pourquoi il apparait si essentiel de créer pour eux un centre de la reconstruction de la confiance et de la dynamique de vie. Les jeunes qui sont dans la rue ont besoin d'un foyer, d'attention et de sécurité, grâce à la détection des talents les centres vont offrir aux jeunes qui sont dans la rue un foyer et les permettent d'avoir accès aux soins de base et des centres offrent la chaleur d'un foyer l'aide qu'ils leurs apportent et le développement à long terme de chaque jeune « l'encadrement, santé et éducation inclus », afin qu'il devienne un adulte capable de surmonter seul les défis de la vie. Les jeunes d'aujourd'hui sont les piliers de la société future, ils sont les hommes de l'avenir et plus on déploiera d'efforts pour les éduquer, plus la nation gagnera en prestige et en puissance ; en revanche, plus on les négligera, plus ils seront dévoyés et, par la voie de conséquence, la nation se verra affaiblie du fait que les forces censées la diriger, seront incompétentes et déséquilibrées. C'est pour cela les centres doivent accorder autant d'importance aux jeunes talents qui sont dans la rue pour leurs aider à grandir dans des conditions dignes et à espérer à un avenir meilleur. Chaque jeune devrait avoir la chance de se ressentir la chaleur d'un foyer sûr, d'aller à l'école et apprendre. Les centres doivent travailler pour donner cette chance aux jeunes talents qui sont dans la rue. Parler le langage des jeunes te ramène à ce moment là où l'on était comme eux. Cependant les jeunes qui sont dans la rue eux, n'ont pas eu la chance de manger, jouer, se balader avec leurs parents ou leurs membres de la famille. C'est vrai qu'on ne peut pas leur procurer pleinement ce dont ils manquent mais l'on peut juste leur apporter juste un instant de joie, car il en faut pour être heureux. Par contre, les personnes de bonne foi doivent penser à une subvention afin de venir en aide aux jeunes qui sont dans la rue.

- **Les dix règles pour sauver un jeune talent de la rue :**

Règle N° 01 Cibler les talents

C'est quoi l'importance ?

Cette phrase est très importante car ça demande beaucoup de sagesses. Energie physique et intelligence pour repérer les talents qui sont dans la rue. Ça consiste par ailleurs à la détection, une bonne précision de trouver des oiseaux rares d'avoir un coup d'œil parce que nous avons des jeunes qui ont du talent, mais on le voit étouffer par manque de repère c'est pour cela les autres parmi eux ont des dons dans le domaine de sport. Mais, ça reste toujours enterrer en eux faute de détection, ils ont des potentialités adéquates ; Chose grave, les autres meurent sans en avoir exploité.

Ici les regards sont sur un objectif précis. Chercher les points forts pour découvrir les talents cachés chez eux sans abri et délaissés. Il faut beaucoup de l'envie, du courage et de l'amour.

Qu'est-ce qu'il faut faire ?

Faire des descentes dans les milieux où les jeunes sont dans les grandes difficultés, dans les coins périphériques dans le marché ou bidonville.

Faire des mobilisations pour échanger avec les jeunes, organiser des rencontres à répétition pour les séduire.

La personne qui va se pointer dans cette affaire doit certes avoir des stratégies car il y aura des contradictions, un peu des disputes cela sera dû à leur niveau intellectuel, sur ce la personne doit avoir les atouts possibles tel que la tolérance et la patience.

Règle N°2 : Répertorier les talents

C'est quoi l'importance ?

Ici ce qui compte c'est les nombres des jeunes qu'on a récupéré dans la rue, il faut une certaine précision pour que ça ne puisse pas causer du tort aux encadreurs et aux formateurs, et en plus tous les jeunes doivent être enregistré cela aidera à bien se connaitre entre les deux parties, c'est-à dire encadreurs et jeunes.

Bien sûr qu'il y a plein de talents dans la rue, mais nous ne pouvons pas recruter tout le monde, on aura besoin d'un nombre limiter pour faciliter la tâche aux formateurs, nous avons le cœur d'aider les jeunes, mais hélas, les facteurs nombres nous fait défaut.

Qu'est- ce qu'il faut faire ?

Il est juste question d'un bon nombre limité des jeunes talents ce règle compte plus sur la masse et le taux que nous aurions répertorié.

Règle N°03 : Dialogue

C'est quoi l'importance ?

C'est l'une des phases très importantes car les jeunes ont besoin du dialogue, parce que ceci est une réciprocité dont une flèche d'aller est accompagné d'une flèche de retour, cela veut dire que quand vous parler aux jeunes laisser-les aussi le temps de vous parler en retour.

Ils ont des devoirs et des droits, ils peuvent en avoir les besoins mais vous ne leurs pas accordez du temps pour exprimer ce qu'ils récente.

Il est difficile de connaitre ce dont ils ont besoin ou font allusion. C'est ici qu'on saura ou on n'aura une idée de la vie de chacun de ces jeunes talents. Leurs histoires seront étalées, on parlera de tout sauf rien.

S'il y a un bon dialogue chaque jour, c'est parmi le moment ou les jeunes se sentent aimer et en sécurité, le dialogue nous révèle nos vraies faces.

Qu'est-ce qu'il faut faire ?

Dans cette perspective il faut vraiment disposer le temps, c'est-à dire parler chaque jour avec en établissant un programme les uns et les autres que les jeunes sachent que nous avions un temps de dialogue pendant la journée ou le soir qu'il ait des précisions des heures de dialogue, qu'il puisse avoir un horaire bien établi.

Règle n°04 : Les sites ou les centres

C'est quoi l'importance ?

Ainsi donc on ne peut pas recruter des jeunes sans pour autant aménager une place pour les accueillir, on doit avoir des précautions là où on mettra des jeunes, il faut un lieu approprié ou un emplacement des activités que les jeunes talents doivent avoir.

Par ailleurs ces sites doivent avoir quasiment tout à l'intérieur pour qu'ils soient toujours concentrés de ce qu'ils sont venu faire et les centres doivent répondre aux critères et au standard international cela va travailler les mental des jeunes talents, cela va d'autre part les flatter et leurs donner l'envie de bien passer leurs formations. Les centres doivent être bien équipés pour faciliter les choses.

Il faut un engagement pour mettre tout en œuvre pour former une telle réalisation effective.

Qu'est-ce qu'il faut faire ?

Dans cette règle ça demande beaucoup des engagements, l'assistance des partenaires financiers. Parce qu'il faut construire des centres cela nous imposera plus des moyens financiers, donc il faut en trouver chez le bailleur des fonds ou chez les gens de bonne foi.

C'est ainsi il faut cravacher, avoir du courage et l'énergie pour chercher des associés ou des bailleurs des fonds qui d'ailleurs se font rares dans le terroir. Ici, ce qui prime c'est le courage !

Règle N° 05 : Formation de base

C'est quoi l'importance ?

Ici c'est le fondement, disons même c'est la fondation parce que beaucoup d'entre eux ont raté la formation de base or c'est ça qui compte plus dans la vie des jeunes. Et cela aide des jeunes talents à bien murir, c'est la racine, s'il un jeune manque de formation de base, ça finira par se sentir tôt ou tard. Cette phase compte plus sur la vie des jeunes talents, on commence à dresser un arbre dès qu'il est petit, c'est le même cas que chez les hommes ! C'est dès le bas âge qu'on donne le sens à nos vies, rien ne remplacera cette phase car elle est très sérieuse. C'est à partir de là que les jeunes sont dotés des choses les plus importantes qui vont les influencer au futur.

La place des jeunes est à l'école ou dans un centre des formations ou ils peuvent soit acquérir des nouvelles compétences pour un avenir radieux.

Qu'est-ce qu'il faut faire ?

Mettre tout en place pour redonner une autre image aux jeunes qui sont dans la rue ayant raté la formation de base, travailler plus sur ses défauts par ailleurs cette démarche nécessite les formateurs qualifiés et spécialistes, il faut des formateurs de qualité et des spécialistes dans le domaine.

Règle N° 06 : Réduction du taux de chômage

C'est quoi l'importance ?

Beaucoup de jeunes trainent dans la rue parce qu'ils manquent à faire, si on les récupère on le encadre, on n'aurait moins de chômeurs et moins de délinquants. Il sied à noter que les autorités publiques (étatiques) ont cette responsabilité.

L'augmentation du taux de prise en charge des jeunes va favoriser la réduction du taux de chômage, si on investit plus sur les jeunes qui sont dans la rue on remarquera cette baisse du taux, car ces jeunes ont besoin du pain quotidien et ils sont en manque d'approvisionnement. Le soin et un bon encadrement des jeunes contribueront à la réduction du taux de chômage, une bonne vie sociale chez les jeunes joue un grand rôle et le manque à faire produit la délinquance, vagabondage et cela peut nuire la vie de la jeunesse.

Qu'est-ce qu'il faut faire ?

Faire déplacer les jeunes de la rue, que la rue ne soit plus leur demeure, intégrer des jeunes dans des centre des formations, donner leurs assurances vie, santé et hébergement.

Règle N°07 : Rééducation des jeunes

C'est quoi l'importance ?

Beaucoup de jeunes ont un problème d'éducation surtout ceux qui sont dans la rue, les jeunes qui seront formés il faut leur rééduquer aussi car l'éducation est primordiale dans la vie des jeunes pour qu'ils soient utiles dans la société, il faut une bonne rééducation, ils poseront des bons actes et leurs avenirs seront meilleurs, une bonne éducation est un héritage parfait légué ou laissé à un jeune, mais ceux qui sont dans la rue manquent parfois cet héritage.

La rééducation peut aussi se référer à la réhabilitation générale, physique, psychique ou sociale c'est aussi lavage cerveau à un métier d'enseignant spécialisé. Aider les jeunes qui sont dans la rue à récupérer une très bonne éducation perdue pendant très longtemps.

Qu'est-ce qu'il faut faire ?

Enseigner et laver le cerveau des jeunes, mettre à la disposition des jeunes un programme d'apprentissage, d'alphabétisation et de langue.

Montrer aux jeunes des bonnes conduites dans la société, créer des pistes des récupérations de niveau chez les jeunes, travailler la psychologie des jeunes.

Règle N°08 : Mentor

C'est quoi l'importance ?

Premièrement un mentor est un modèle, un guide conseillé avisé et expérimenté. Personne pour laquelle on a une estime particulière et qu'on peut prendre en exemple selon la définition ; Cela qui veux dire que cette phase est aussi très importante ici ça demande des personnes capables, conscientes, stratèges et compétentes pour transmettre ce qu'ils possèdent comme potentialité auprès des jeunes, que les jeunes soient leurs copies conformes.

Qu'il ait un point commun entre eux et les jeunes, c'est là qu'on constatera qu'il y a eu amélioration éducationnelle dans la vie des jeunes, il y aura un avant et un après dans la vie des jeunes qui sont dans la rue tout se fera bien si nous avons des bons mentors, car celui-ci sont des pièces maitresses dans la vie des jeunes.

Qu'est-ce qu'il faut faire ?

Tenant compte de bonne volonté de mentor, la disponibilité, l'amour, la loyauté, le sacrifice, la servitude, la création, et l'unité font l'objet de cette phase.

Règle N°09 : La liberté

C'est quoi l'importance ?

Ici y aura un moment pendant lequel il faut libérer les jeunes talents, qu'ils aillent exploiter leur talent ailleurs, il ne faut pas toujours leurs retenir, qu'ils laissent la place aux autres jeunes, car ils ne seront pas là éternellement, dès qu'ils sont formés, ils doivent voir ailleurs pour commencer une nouvelle vie avec conscience et maturité en outre, de pratiquer avec compétence ; certes, il faut leurs donner une liberté au temps convenable, qu'ils se sentent aussi capable, car ils venaient d'acquérir une très bonne formation qu'ils soient fiers d'eux même « la liberté produit la joie, rend heureux et donne la paix intérieure qui peut même affecter l'extérieure, car la liberté assure aussi l'indépendance »

Qu'est- ce qu'il faut faire ?

Aider les jeunes à promouvoir leurs talents, soutenir les jeunes talents, et les assister.

Règle N°10 : Epanouissements

C'est quoi l'importance ?

Les jeunes disent les conditions des vies difficiles menées dans la rue.

Ils déclarent, donc, d'abandonner et d'exploiter leur talent, actuellement, ils sont dans rue aucune organisation est dépourvue des moyens pour leurs prise en charge donc, le gouvernement et ses partenaires de pouvoir ne récupère pas ces jeunes, pour accélérer les processus des formations et d'encadrement et réintégration des centres. Si tu veux un jeune intentionné ? Tu veux un jeune soigné ou formé soit également propre soigné et apprêté, tu veux un jeune intelligent ? Soit cultivé.

Nous ne pouvons pas attendre d'un homme de qualité que si nous même nous ne possédons pas un minimum. Travaillons pour devenir ce que nous voulons chez les autres.

Par ailleurs l'athée n'offre aucun espoir pour l'humanité, leur conscience est étouffée, la vie devient la loi de la jungle où il faut écraser les autres afin de profiter le plus de la vie, mais il n'y a pas juste les athées qui pensent comme cela.

Qu'est- ce qu'il faut faire ?

Inculquer dans la tête des jeunes qu'un jour ils quitteront les centres, travailler la conscience des jeunes pour leurs rendre murs et responsables.

Beaucoup des jeunes en Afrique n'ont pas étés au banc de l'école, non par leur propre volonté, mais par manque des moyens financiers.

Sauver un jeune talent de la rue, C'est l'aider à répondre ses besoins de base et lui permettre de grandir dans des conditions dignes, propices à son bien-être et son épanouissement.

Chaque jeune de la rue se sent tout d'abord et avant tout différent des autres. Sans repères, sans cadre d'écoute, ni solution, c'est pourquoi il apparait si essentiel de créer pour eux un centre de la reconstruction de la confiance et de la dynamique de vie.

Les jeunes qui sont dans la rue ont besoin d'un foyer, d'attention et de sécurité, grâce à la détection des talents les centres vont offrir aux jeunes qui sont dans la rue un foyer et les permettent d'avoir accès aux soins de base et des centres offrent la chaleur d'un foyer l'aide qu'ils leurs apportent et le développement à long terme de chaque jeune « l'encadrement, santé et éducation inclus », afin qu'il devienne un adulte capable de surmonter seul les défis vitaux.

La place des jeunes est à l'école ou dans un centre de formation où ils peuvent acquérir des nouvelles compétences pour un avenir radieux.

Pour améliorer leur situation socioculturelle et leur redonner encore l'espoir car le continent avance dans une misère extrême, pauvreté et sous-alimentation, aider un jeune c'est d'abord l'aider à répondre à ses besoins des bases et lui permettre de grandir dans les conditions dignes, propices à son bien-être et a son épanouissement. Je n'ai pas vécu dans la rue mais je côtoie les jeunes qui sont dans la rue.

Beaucoup parmi eux sont des orphelins et ils se retrouvent dans la rue avec leurs talents, il faut les aider à développer ce qu'ils ont en eux parce que dans la vie on donne toujours ce qu'on a les compétences peuvent les soutenir dans l'avenir bien que l'école est très important dans la vie d'un jeune dont on ne peut pas nier mais premièrement le sport est une passion ils peuvent s'en servir pour accomplir des actions extraordinaires qui de nos jours ont encore un impact immense dans la société et dans le monde entier ce qui me challenge encore plus chez les jeunes c'est leur passion, leur enthousiasme et leur zèle lorsqu'il pratique le sport.

Nous passionnons pour ce qui passionne le sport dans son immense passion à leur saturer de bon entièreté, qu'ils aient du zèle, et non la paresse ils doivent être fervent d'esprit car la passion est contagieuse et le fruit de la passion viendra et ca va donner du fruit et les autres vont imiter.

Quand on réussit à éduquer la jeunesse, l'avenir aussi est assuré car la rue ne peut pas donner une bonne éducation aux jeunes. Quand on engage un bail avec volonté, et les plans seront établis.

Le chemin de la réussite est certes difficile, mais tu n'as pas l'abdiquer! Il est question de motiver les jeunes talents qui sont dans la rue. Tu peux trébucher certes mais tu ne peux te permettre de rester cloué au sol ! Ce qu'on appelle "échec" ne sont en réalité que des expériences qui seront bénéfiques pour une destinée glorieuse. Ce que les jeunes doivent faire c'est de se revivre et foncer car ils ont des potentialités, parce-que la patience, persistance et la transpiration font une combinaison imbattable pour réussir.

Les dons et les talents ne sont pas utiles que s'Ils ne sont pas appuyer sur une bonne éducation, formation et encadrement.

Il faut surtout appuyer sur les compétences de jeunes qui sont dans la rue pour qu'ils soient aussi utiles et responsable dans la société, nous bannissons une jeunesse sans conscience, nous voulons une jeunesse avec conscience.

- **Cet ouvrage fait appel**

Établir des bases de formation d'envoie et de soutenir des jeunes, préparer une jeunesse sans tache, sans ride et glorieuse (victorieuse ou ambitieuse) pour l'avenir, former les jeunes.

- **Comment ?**

Planté des centres à l'orientation des talents dans les diverses pays.

« Travailler avec des centres qui travaillent dans la même direction, travailler avec d'autres formateurs dans le Monde, organiser des concours et des conférences pour détecter, former, enseigner et conscientiser les jeunes talents ».

- **Voici comment travailler la conscience d'un jeune**

Une bonne formation est un privilège dans la vie d'un jeune talent qui est dans la rue. C'est encore plus un privilège de savoir que notre aujourd'hui et demain sont sécurisés par un encadrement. Alors soyez vraiment reconnaissants. Comment ils peuvent être utiles aujourd'hui ?

La prise en charge de jeunes est une responsabilité ! Vous devez les nourrir, soigner, prêter attention.

Par manque de l'éducation de base beaucoup des jeunes se livrent dans l'alcool, le sexe et dans la délinquance avant l'âge quand tu les approche il faut avoir nerfs solides pour ne pas te perdre. Rester toujours sur tes objectifs qui sont focalisés sur leurs talents, ça te sera pas une tâche facile mais rester persévérant quelque soit le cas où l'état d'esprit du milieu au quel tu te retrouves, avoir la manière et la technique de s'exprimer, soit proche des jeunes, il faut les assister à chaque fois qu'ils auront besoin de toi, tu en bénéficieras, tisser des bonnes relations avec eux car beaucoup parmi eux maquent d'affections parentales depuis toujours, les attirer de ton amour, l'amour est une arme phare pour les convaincre et en plus qu'il ait très souvent la communication certainement qu'autour de vous ces jeunes ont besoin de recevoir ce qui est en vous, pour le transmettre tu as l'obligation de partager ce que tu penses avec justesse pour que tu puisses les rendre meilleur, plus vrai et plus dynamique.

Le fonctionnement et la fondation, c'est cibler les talents de jeunes qui sont dans la rue. Le problème qui ronge les jeunes qui sont en grandes difficultés. Que leurs talents ne soient pas gâchés mais qu'ils soient repérés et exploités pour leurs avenir soient meilleur et rassurant au milieu d'eux il y a des orphelins qui sont abandonnés et ils ont des choses intéressant, en eux donc il ne faut pas les négligés.

Avait les habitudes de les approcher, car ce sont des humains comme tout autre humain, parmi eux beaucoup sont traités des sorciers et de voleurs en réalité ils ne les sont pas. Tout ça parce qu'ils sont dans la rue, dans tout, cela il faut une personne courageuse, ambitieuse et plein d'amour pour jouer un rôle pour détecter les talents dans les rues et dans les quartiers recules chercher ce genre de personne pour faire lever la tête d'un jeune.

Ils ont les compétences, mais par manque de motivations, détecteurs et visionnaires, les talents sont perdus, il suffit de les cibler tout sera dans le bon. Mais la tâche ne s'annonce pas simplement, marcher avec eux, chercher intentionnellement à porter leurs désirs.

Caractère des jeunes de quelques choses, de qui n'existe que depuis peu de temps, qualité d'une personnalité jeune de la personnalité caractéristique de jeunes gens. Cette qualité correspond à une image valorisée de la personne vitalité et fraicheur physique dynamisme, enthousiasme et spontanéité dans l'action, vivacité intellectuelle.

Si les jeunes avaient l'expérience des vieux et si les vieux avaient les forces des jeunes. La vieillesse sait et ne peut pas, la jeunesse peut et ne sait pas. Les sports, les loisirs et la jeunesse marchent toujours ensemble.

La jeunesse des écoles, éduquer, former, instruire la jeunesse et de grand qui traduit une réaction, la jeunesse d'aujourd'hui.

Il faut aujourd'hui chercher avant tout à donner à la jeunesse l'esprit expérimental. Notre meilleur avenir c'est notre jeunesse bien formée, la jeunesse n'a qu'un temps, la jeunesse a fait bon temps tout ce que font les jeunes.

La jeunesse n'a qu'un temps à trente ans, c'est presque déjà fini, donc il faut s'arranger pour bien passer la jeunesse, car elle est la période qui va de la fin de l'enfance à l'adolescence ou qui suit l'adolescence, elle est la période allant de l'adolescence à l'âge mur.

La jeunesse est l'aspect social de l'adolescence ; elle se définit par l'opposition à la génération parvenue à la pleine maturité, elle est le moment de développement ou l'être mis en possession de tous ses moyens, presses devanciers de bon élan enthousiaste et important pour se faire une place au social. Les jeunes constituent une force vive agissant pour le bien commun, et leur énergie lorsqu'ils ont la possibilité d'exercer leurs droits le permettre de susciter le changement positif pour les biens d'autrui. L'épanouissement de la jeunesse est progressif et dépend des milieux sociaux.

Nous sommes profondément préoccupés par le fait que la délinquance et l'instabilité prolongée empêchent le développement et l'épanouissement des jeunes. Cet ouvrage exhorte à mettre fin à la délinquance et appelle à un passage sécurisé pour atteindre les jeunes vulnérable.

Etre mentor de jeunes est un défi sans pareil, la psychologie joue un rôle très important de développement d'un jeune beaucoup qui ont des talents sont affectés par manque de repère dû à la manque de la direction aucun, effort ne doit être épargné pour repérer les talents afin que chaque jeune puisse contribuer d'apprendre.

Il faut les associer avec les experts de l'encadrement pour promouvoir les faits et non les peurs, en apportant des conseils fiables en répondant aux certaines des questions que les jeunes peuvent se poser, à mesure que les jeunes reprennent le chemin de formation ils auront besoin d'un appui pour se réadapter et combler leur retard en termes d'apprentissage. les plans de formation et d'encadrement doivent prévoir des mesures de rattrapages de l'apprentissage perdu pendant très longtemps.

Chaque jeune devrait avoir la chance de se ressentir la chaleur d'un foycr sur, d'allcr à l'écolc ct apprcndrc à travaillcr pour donner cette chance aux jeunes talents qui sont dans la rue.

Avec une bonne détection pouvait bâtir encore plus des jeunes dans cette situation pour les bâtir de la rue et les accompagner sur le chemin de l'apprentissage pour un avenir meilleur. En formant, vous apportez une aide efficace aux jeunes.

Ils retrouvent une joie immense et sont protégés, nourris et soignés en formant, vous apportez une aide globale et durable à ces jeunes. Plus qu'un simple encouragement d'appel à traduire votre amour en acte est véritablement un commandement qui nous est donné par Dieu ; alors ménagez vos efforts pour faire le bien autour de ces jeunes d'être à l'abri de se nourrir de boire d'eau, de boire et de se partager de l'ignorance et au désespoir.

Donner une chance aux jeunes de bénéficier d'une bonne éducation, et les favoriser d'avoir une vie normale comme toutes autres personnes, bien que les gens ont pitiés de ceux qui sont dans la rue, mais peu subvienne à sa faim les jeunes ont besoins d'un soutien moral. Il faut le dire que la souffrance ne peut être éternelle, dites leurs qu'ils ont droit de vivre pour eux-mêmes. Le chagrin de la vie donne une finalité étrange à l'existence.

La vie de jeune est définie en général par leurs choix mais en réalité, c'est plutôt leurs engagement qui dévoile le mobile de leurs choix ainsi, cet ouvrage demeure le motif clé de l'engagement pour redonner à cette jeunesse sa célébrité d'antan. Le contenu de cet ouvrage s'oriente vers le quoi faire pour redonner encore l'espoir à cette jeunesse désespérée et sa beauté jadis.

Ce récit interlocuteur est l'œuvre d'un jeune africain il démontre que ce slogan « tant que mon cœur bat il y aura toujours un cœur pour penser à la jeunesse africaine » est une préoccupation fondamentale pour tous les jeunes, je réponds à ce récit a ces termes ; c'est par l'amour et le travail que nous transformons la jeunesse.

Cet ouvrage témoigne déjà l'amour, combinons ceci avec le travail pour matérialiser les vœux qui traduisent notre réelle volonté de transformer cette jeunesse actuelle où nous serons fier de notre jeunesse.

Nous sommes à la recherche de l'épanouissement des jeunes talents qui sont dans la rue. Dans ce cas, le développement des jeunes n'épargne personne. Chacun a sa responsabilité dans les domaines où ils se sentent maitre.

Nous sommes tous contribuables pour le développement des jeunes ; ce n'est pas parce que les choses sont difficiles que nous ne devons pas oser, mais parce que nous n'osons pas qu'elles deviennent difficiles. Osons grand comme le monde, nous avons besoin des bons leaders, ce n'est pas ni la taille, ni la forme, mais a la capacité de faire avancer les autres vers un destin commun.

Dans la vie en générale, la meilleure décision est celle qui concilie le chrono, temps de calendrier et le moment favorable dans l'histoire !

Chaquc jeunc à droit a unc chancc équitablc dans la vic, chaque jeune a droit de grandir dans un environnement sûr et inclusif, chaque jeune a droit d'apprendre.

Aidons les jeunes talents qui sont dans la rue pour leur permettre de retrouver du calme, de la stabilité et de donner aussi un sens à leur vie. Il y a un adage qui dit « celui qui caresse la chevelure d'un orphelin par compassion, recevra un bien fait ou chaque cheveu que sa main aura touché »

Former et encadrer les jeunes ne sont que des petits gestes, mais ils font une différence dans la vie. Car un geste positif posé, offre un sourire et l'espoir d'un avenir meilleur. Pourquoi est-ce important ?

Offrez des bons moments aux jeunes talents qui sont dans la rue. La vie étant précieuse, et n'ayant pas des prix, faire du bien et venir en aide aux jeunes en situation de difficulté, font partis des œuvres de bienfaisances et de charité sur lequel dont il faut travailler là-dessus. Leur faire vivre des expériences positives qui resteront gravés dans leurs mémoires. Logiquement, ce comportement vous donne respect et gratitude de la part de ce dont vous avez pris soin de leur famille et de la société entière.

Aider et soutenir les jeunes, c'est assurer le bien-être et favoriser les à mieux grandir. Le sentiment d'être en manque de famille est la chose de très douloureuse qui s'insinue très profondément jusqu'à la racine de l'existence humaine.

On se demande d'où l'on vient, qui l'on est ?, qui faut-il aimer ? Cela donne une tonalité étrange à l'existence je suppose que vous avez éprouvé ce sentiment depuis l'enfance car le chagrin de la vie exerce une pression et déforme la conscience.

Les jeunes ont besoin d'un soutien moral, il faut les dires que la souffrance ne peut être éternelle ; dites les qu'ils ont droit de vivre pour eux-mêmes. Chaque fois que vous utilisez vos talents, compétences, et connaissances donnés par Dieu pour inspirer et élever les autres, rassurer-vous que ce bonnes actions vont dupliquer et rebondir dans votre vie. C'est une loi universelle pour la plupart des gens quand ils voient des personnalités réussies, tout ce qu'ils voient c'est la gloire, le triomphe et la gloire d'être à ce niveau supérieur, mais pour certaines personnes elles savent qu'il y a énormément du travail de sueur et des défis qui accompagnent le succès !

La positivité est contagieuse ! Une pensée positive avec des actions positives attirent les personnes positives qui se traduisent par un succès multiples. Quand vous pensez aux idées et aux concepts qui feraient afin de compte et dramatiquement des progrès significatifs dans la vie de beaucoup de jeunes qui sont dans la rue, car le temps est précieux !

Ne le gaspille pas et ne permet à personne de jouer avec ton temps car la jeunesse n'a qu'un temps.

Voici comment réveiller un jeune :

Une bonne formation est un privilège d'un jeune talent qui est dans la rue. C'est alors plus qu'un privilège de savoir que notre aujourd'hui et demain sont sécurisés par un encadrement, alors soyez vraiment reconnaissants !

Qu'est-ce qui sont utiles ?

La prise en charge des jeunes talents est une responsabilité ; vous devez les nourrir, les soigner, prêter attention à votre marche avec eux, chercher intentionnellement à porter leurs désirs, former un jeune c'est aussi lui exciter à faire du bien, le monde actuel influence beaucoup de jeunes sont dans la rue à cause des réalités et imposition des lois des autorités. Les jeunes sont exploités, sont manipulés, sont réduits en néants à cause de leur souffrance, un jeune doit avoir beaucoup de courage de refuser certaines mauvaises choses, avoir un esprit de créativité, être pragmatique et non théorique en ce qui concerne leurs idées nous voulons une jeunesse cultivée, car elle assure les lendemains.

Soigner et éduquer une jeunesse c'est garantir l'avenir d'un pays voire de tout un continent, une jeunesse mal soignée et mal éduquée est un bombe à retardement pour un pays voir même pour un continent, et c'est maintenant qu'on prépare la relève d'un pays et du continent.

Cette relève est liée à une bonne formation et bon encadrement parce que les erreurs du passé finissent toujours par nous rattraper, alors pour que cela ne puisse pas arriver, c'est dès aujourd'hui, que vous êtes appelés à aider et s'occupé de la jeunesse actuelle.

La jeunesse est désinformée, aveuglée et supprimée par les manigances des gens de mauvais qu'ils veulent faire l'exploitation de l'homme par l'homme, et ils oublient que l'espoir de demain se repose sur les épaules des jeunes même ceux qui sont dans la rue.

Aussi que je vivrais, je parlerais et je ne cesserais de parler de ce fait que la jeunesse africaine subisse aujourd'hui, il faut redonner l'espoir aux jeunes, on dit souvent que l'espoir fait vivre.

La jeunesse soufre et pleure amèrement par rapport à l'injustice qu'elle est entrain de subir. Ce récit s'engage à conjuguer toutes les efforts à baisser le taux de chômage pour un renforcement d'un centre de formation pour une autosuffisance d'une meilleure éducation. Et une vie de qualité, cette initiative permettra l'émergence des différents fonctionnements de ces centres feront également l'objet de ce récit en vue d'épanouissement des jeunes.

Car un talent sans formation est comme un soldat sans arme l'enjeu majeur on estime que plus de 70 à 80 % des jeunes talents trainent dans la rue en Afrique les jeunes sont fatigués au souci de la vie relève. Encourage-les et remplis-les de l'amour.

La jeunesse est une période charnière du développement cerveau, le cerveau d'un jeune est vulnérable. Il faut profiter pendant cette période pour former, éduquer une génération future c'est pour quoi un bon encadrement de la jeunesse constitue un remède pour les jeunes talents, le manque d'un bon encadrement est une fatalité pour les jeunes talents.

Il n'y a pas de réussite sans un bon encadrement, car ce dernier et la formation sont des phases déterminatives dans la vie des jeunes talents. C'est comme un processus, il arrive petit à petit, ça produit toujours des bons fruits, travailler leur maturité et leur conscience, car c'est une période de l'apprentissage, la jeunesse est l'aspect social de l'adolescence arrêtez de négliger des jeunes talents qui sont dans la rue. Il y a dans la vie des situations auxquelles il faut faire face une bonne fois pour toute. C'est aussi avoir le sens de la responsabilité ; c'est l'un des principes le plus important de la réussite est de développement ou exploiter ce que vous avez comme compétence, ces principes aideront les jeunes à faire face à toutes les situations de la vie que les jeunes arrivent a bien maitriser leur manière de faire et d'agir. Il faut aussi œuvrer pour l'amélioration des conditions socio-économique de la jeunesse cette situation reste alarmante.

Les jeunes ne sont pas prises en charge, ils sont très souvent délaissés. La jeunesse représente une force vive, elle est riche des inspirations à ce moment de l'existence mais aujourd'hui encore des conditions de vie précaires :

- Chômage
- Exclusion
- Pauvreté
- Particulièrement nuisibles aux jeunes défavorisés

Ils gâchent ce potentiel et cette énergie à la combinaison d'un taux de chômage élevé, des sous-emplois et de la pauvreté s'ajoute également un succès insuffisant aux services sociaux de base :

- Eau
- Education
- La santé

Ainsi qu'une extrême vulnérabilité au conflit à la violence, il faut chercher d'affuter les capacités nécessaires pour préparer les jeunes africains pour l'avenir de demain.

Les milliers de jeunes africains désespérés qui échouent sur la mer du nord en cherchant la clandestine chaque année suscitent l'indignation dans le monde entier tout aussi déplorable et l'exode silencieux des jeunes élites de ce continent vers l'occident enquête d'une vie meilleure, fuirent la pauvreté.

Invariablement l'Afrique exporte bon avenir en masse la part des jeunes africains ne cessent d'augmenter. Le défi est déjà là et il est urgent d'y répondre c'est aussi une opportunité du développement pour le continent en matière de l'innovation et de transformation social, l'atout principal de l'Afrique c'est la jeunesse. Très nombreux de pays investissent une grande partie de leur budget dans l'éducation, les jeunes sont des partenaires essentiels du développement et les jeunes jouent un grand rôle important et positif dans la réhabilitation du développement durable, la prévention de crise et la promotion de la paix le potentiel de l'Afrique et de sa jeunesse son gaspillés si le pays désintéressent de leur jeunes ils finissent par devenir des Etats défaillants.

L'avenir des jeunes africains n'est pas ailleurs, leurs destin n'est pas de périr ailleurs, s'ils nourrissent l'ambition de transformation de leur économie.

L'Afrique doit cesser d'être un musée de la pauvreté, sa population est résolue à renverser cette tendance. Une jeunesse bien instruite et bien formée favorise le développement d'un pays.

Nous vivons dans une société ou la jeunesse est une norme dominante, la jeunesse n'est plus ce qu'elle était, les jeunes constituent une force vive agissant pour le bien commun et leurs énergie, lorsque ils ont la possibilité d'exercer leurs droits leur permet de susciter des changements positifs, la jeunesse est premièrement une classe d'âge réunissant l'enfance et l'adolescence, les jeunes sont idéaliste et créatifs ils ont aussi une force spécial grâce leur religion. Aujourd'hui les jeunes ne sont pas compréhensible avec leur famille et quand on est jeune on croit qu'on le sait tout sur la vie, et mieux que personne.

La jeunesse est une époque merveilleuse dans notre vie, une tranche de notre vie où l'on ne voit que le positif. On croit être le plus important parce que on est jeune ce que nous ne savions pas encore c'est tous les problèmes d'une vie réelle on ne le sait que quand on est indépendant et au fur et à mesure que les années passent on commence à voir la vie chaque jour d'une couleur.

Il y a des difficultés et nous devons les affronter, nous devenons responsables, alors on se souvient de notre jeunesse avec nostalgie car elle ne revient plus. L'avenir d'un pays, d'un continent dépend de ses jeunes, l'avenir c'est la jeunesse, l'avenir c'est par la jeunesse.

Les jeunes représente l'espoir et non pas un danger, la jeunesse devient dangereuse lorsqu'elle est mal encadrer, mal formés, mal éduqué.

Pour éviter cela il faut un bon pris en charge des jeunes pour que dans l'avenir qu'ils ne soient pas nuisible. Il existe des groupes innombrables des jeunes qui sont dans la rue qui veulent combattre l'injustice pour les jeunes vivant dans la pauvreté.

La jeunesse représente un bon nombre de la population mondial c'est en général leurs marginalisation économique et social qui les poussent à la délinquance. Cette situation met à profit la frustration des jeunes n'arrivent pas à concrétiser leurs légitimes ambitions, leurs désespoir se traduisent à un désir de quitter le pays ou le continent, qui peut conduire à des catastrophes humaines pour remédier à cette situation Ce récit nous rappelle qu'il est important d'entreprendre les efforts en matière de développement et d'intégration en fin de mieux de canaliser l'énergie et l'idéalisme des jeunes.

La jeunesse devrait être le meilleur rempart contre l'obscurantisme, ce récit qui recommande de déployer des armes d'éducation, d'encadrement et de formation de masse pour sortir les talents de jeunes qui sont dans la rue. Le défi est de permettre à la jeunesse de réaliser son potentiel, les jeunes peuvent contribuer à la consolidation de la paix pour un pays. Par ailleurs la jeunesse est synonyme de mobilier, de dynamisme et d'innovation.

Et donc, rendre les jeunes autonomes c'est les aider à mettre leurs force au service du développement, les centres de formations contribuent à orienter positivement l'influence des jeunes les uns sur les autres il offre à chacun la possibilité de développer ses capacités.

Les jeunes travaillent ensemble en partant des compétences individuelles déjà acquises ; des talents et l'expérience de chacun et ; contribuent au développement d'un véritable esprit d'équipe dans lequel chacun soutien les autres. Bien sûr, on pourrait penser que l'école doit être le lieu privilégié de cet apprentissage, le centre va subir des ouvertures successives ; des élargissements de contacts et échanges avec des autres centres semblables qui vont permettre aux jeunes de prendre conscience de son appartenance à une communauté élargie qui partage des valeurs et de mieux se situer par rapport à ces valeurs.

Les jeunes profitent de moments aménagés où chacun à droit de mettre son avis, les jeunes sont le présent leur innervation est une nécessité, pour le développement humain et sa durabilité.

Les centres des formations peuvent, donc, être considérés comme d'énormes prestataires de service d'encadrement ; ils favorisent implicitement et explicitement les processus de découverte et d'apprentissage, et développement de la conscience des jeunes.

A l'intérieur des centres, les jeunes organisent leur vie, se partagent les responsabilités, choisissent, organisent, réalisent et évaluent une activité, tout ceci avec l'aide des formateurs. Ça doit être comblé par l'apprentissage. Dans une société la jeunesse représente un capital humain d'une grande importance primordiale dans le développement socio-économique qui contribue à ses progrès techniques.

Les jeunes doivent jouir pleinement des libertés et des droits fondamentaux, car ils ont le pouvoir de susciter le changement. Il est donc primordial de leur offrir une assistance pour qu'ils puissent devenir des citoyens productif au-delà des études qu'ils ont pu faire le sens de soi d'un jeune peut constituer une aide précieuse pour rendre ses expériences du développement pertinentes et motivantes.

Il peut également participer à l'approfondissement de sa croissance sur le plan du développement les jeunes représentent une arme redoutable pour faire avancer ou développer un pays voire tout un continent.

Aider les jeunes à réussir bien leur formation nécessite de bien comprendre les développements prévisibles même si chaque jeune est unique et a une histoire, des capacités, des caractéristiques, un vécu et un conteste qui lui sont propres. Chaque jeune a un développement qui lui est propre. En Afrique subsaharienne, un taux de natalité élevé combiné à une pauvreté importante et croissante des jeunes sont pauvres et se concentrent dans de zones rurales où de possibilité d'emploi son limité.

Cela pose un problème particulier pour l'investissement dans l'avenir de la jeunesse. La consultation et la participation des jeunes faciliteront notamment le développement, il faut aussi prévoyait de développement de citoyenneté des jeunes, il faut que les jeunes prennent une part active à toutes les décisions qui touchent à leur vie actuelle et leur avenir.

Un renforcement du rôle de la jeunesse et participation active des jeunes dans la société, chaque société devrait être en consultation avec les jeunes, établir un cadre visant à promouvoir le dialogue entre eux, veiller à ce que les jeunes talents qui sont dans la rue soient inscrits et intégrer dans de centres de formation et bénéficient d'une bonne formation professionnelle équivalente en augmentant les effectifs tous les ans.

Prendre des initiatives visant à réduire le niveau actuel de chômage des jeunes en particulier, assurer aux jeunes l'accès à tout le type de formation, en mettant en place le cas échéant des structures des formations parallèles, faire en sorte que les formations tiennent compte des besoins sociaux économiques des jeunes, développer la formation professionnelle en appliquant de méthodes nouvelles visant à mettre en valeur les compétences pratiques assurer la survie, la protection et le développement des jeunes qu'ils soient pleinement tenue compte des intérêts des jeunes talents dans le cadre du développement durable et promouvoir à la base de l'activité de protection en visant à assurer les besoins fondamentaux de centre, à améliorer le cadre dans lequel évoluent les jeunes.

Accroitre les possibilités de formation offerte aux jeunes, en les sensibilisant aux questions liées à l'environnement et au développement, et en attachant une attention prioritaire aux formations des jeunes talents qui sont dans la rue.

La jeunesse est dissoute, les jeunes peinent à exister socialement dans une société qui les met à l'entente. Le chômage des jeunes est l'outil numéro un de cette relégation, cette mise en attente des jeunes par la société, la jeunesse est le moment où on se cherche, certain âge de la vie, c'est un état d'esprit.

La jeunesse est un état récent, souvent considéré comme un vecteur de changement social, une période de maturation psychologique ou moral. Il s'agit là d'une excellente raison de former la jeunesse et de la préparer à un futur dans lequel il lui faudra elle-même.

En Afrique pour surmonter ces problèmes demeure difficile mais il est essentiel d'établir des relations de confiance et d'ouvrir à un réel progrès, les défis sont présent dans tous les domaines, économique et social.

Les jeunes qui sont dans la rue font face à de blocages et à des opportunités parfois comparables, les difficultés à acquérir une autonomie économique, résidentielle et conjugale sont communs à des nombreux jeunes dans toute l'Afrique. Les prises en charge touchent peu les jeunes et ne sont pas conçues dans la longue durée, la formation professionnelle est souvent inadéquate.

Il y a besoin pour les jeunes de régulation équitable de facilitation et de sécurisation, les jeunes ne progressent pas certains souhaitent accéder à d'autres types d'emploi mais éprouvent de réelles difficultés en milieu don ils vivent, ces jeunes dépendent en grande partie d'eux-mêmes, sa montre la diversité de situations dans lesquelles se trouvent les jeunes vivant dans la rue en Afrique, en terme de niveau d'instruction d'activité mais ils ne disent rien de la complexité de processus d'autonomisation de ces jeunes.

La jeunesse est l'âge de tous les espoirs, l'âge de découverte, l'âge des audaces et des imprudences. La jeunesse qui est de plus en plus nombreuse est constituent la relève de demain est de nos jours confrontés à de sérieux problèmes suscitant des grandes réflexions.

La pauvreté, le chômage, le manque de logement, les difficultés sont plus fortes pour les jeunes que pour les autres catégories de la population, nous avons une grande génération des jeunes talents sans encadrements et des nombreux centres de formation, mais sans toutefois créer de moyen pour repérer tous ces jeunes.

Le rôle joué par la jeunesse mis en exergue car les jeunes sont un partenaire incontournable au développement. La jeunesse est le fer de lance d'une nation sans la jeunesse rien de positif ne peut être réalisé tant au niveau de nos nations qu'au niveau continentale.

Pour opérer une véritable transformation dans le sens du développement il faut impérativement mettre en facteur le capital la jeunesse. Non pas une jeunesse déboussolée mais une jeunesse conscientisée induite des vraies valeurs et capable de prendre son destin en main. Les jeunes sont aujourd'hui les acteurs importants dans le développement et la coopération internationale.

Au départ non seulement sont-ils énergiques, intelligent et optimiste mais se trouvent aussi à la fine pointe et des toutes les nouvelles tendances.

Ils n'ont pas pour l'inconnu sont prêts à prendre des risques démontrent la générosité d'esprit, sont ouverts à respecter et célébrer la différence entre là où nous seront dans les jours avenir pour mettre les faits a contexte et les faits nous démontre son largement sous représentés et marginalisés lorsqu'il s'agit d'élaborer, de résoudre de problème majeur il est facile de considérer l'implication des jeunes et de dire qu'ils ne représentent qu'infime pourcentage du nombre des personnes actives de la société en générale et il semblait toute aussi facile de déclarer que les jeunes sont plus apathiques que les générations précédentes.

Le travail forme la jeunesse pour son développement, à l'heure actuelle, on parle beaucoup de la jeunesse qui sont dans la rue, de ses problèmes pour quitter la rue et trouver un logement dans un premier temps notre problématique était la précarité de l'emploi chez les jeunes. Nous sommes vite rendues compte que le mot précarité pouvait se rapporter aux difficultés qu'ils avaient à trouver du travail, difficulté à trouver du logement, à se soigner, à se nourrir correctement.

Le taux de chômage chez les jeunes est en augmentation, quels sont les facteurs qui interviennent dans cette progression. Une grande partie des jeunes sont à la recherche d'une formation ou d'une subvention pour une formation.

Ils étaient pour certains, en situation de déscolarisation et cherchaient soit un emploi, soit une formation les jeunes qui choisissent leurs formations il faut toujours les orientés.

Ce n'est que si nous travaillons avec et par les jeunes, en soutenant leurs autonomisation et en promouvant simultanément un environnement, dans mœurs actuelle, la jeunesse est souvent représentée grâce au physique d'une personne ou grâce à la période de la vie dans laquelle elle se trouve.

La jeunesse est souvent associée à l'âge et non pas caractère, la jeunesse n'est pas un moment de la vie mais un état d'esprit, nous pouvons rester jeunes dans notre tète, comment le positivisme permet justement de pouvoir entretenir la jeunesse, certes, la vie nous fait vivre des moments uniques et différents pour chacun d'entre nous.

Elle a un fort impact sur notre psychologie et notre physique le corps subit parfois des effets importants lors de l'existence. Il peut devenir agile et il peut ne plus faire tous les mouvements désirés, ce genre de problème peut arriver effectivement avec l'âge.

Ceci montre alors que le corps est obligé de vieillir avec le temps et les années ce pour ceci que nous pouvons considérer la jeunesse comme un moment limité de la vie, en effet, je pense que le positivisme est une grande qualité de la jeunesse et cette manière de voir les choses permet effectivement de tirer des leçons sur nos expériences mais sans douter ou être déçu par la suite. Il contribue au fait d'être toujours plus émerveiller par des nouveaux sujets, d'avoir envie d'expérimenter et d'être toujours plus curieux de la vie et ce qu'elle entraine.

Nous pouvons décider notre désir insouciant grâce à la volonté de toujours découvrir les nouvelles expériences, que ce soit en sport, en art ou dans un domaine qui nous est totalement étranger, la jeunesse perpétuelle envie de découvertes et de rêves il y a des choses qui sommeillent en chacun d'entre les jeunes quelques fois ont un besoin d'épreuve et des circonstances difficiles pour qu'elles soient visibles.

Un talent se dit en moral, du génie, de la qualité excellente ou une disposition qui se trouve en quelques personnes pour réussir en quelque chose.

Un talent considérable est encore précieux, et il peut contribuer au développement. Le talent est aussi quelque fois une volonté, les capacités intellectuelles, et les facultés de l'esprit, habileté, aptitude naturelle ou acquise, supériorité dans un art ou métier, un talent est une personne en vue et en raison des activités et de sa situation sociale, aptitude intellectuelle qui élève un homme au-dessus de la moyenne.

De manière spéciale d'obtenir une situation ou une personne qui a un don particulier dans un domaine quelconque, différent de la compétence qui est avant tout d'ordre cognitif, alors que le talent si il n'est pas travaillé meurt petit à petit.

Le talent se développe en travaillant dur et prend énormément de temps, le génie imprévisible il crie sans suivre aucunes règles apprises il impose son style. Le talent est une combinaison des qualités individuelles, le talent est donc inné tout en ayant besoin d'être développé, le talent ne peut fructifier sans être cultivé, la nécessité de la gestion de talents dans la société est très important.

Bien que naturel, le talent pour s'exprimer à besoin d'une formation, de coaching, de travail en mode projet et de ce qui peut lui permettre de se développer dans la société identifie principalement le talent par la performance et le potentiel d'une personne.

Ces deux critères sont indissociés, la performance élevée ou exceptionnelle ou parfois, plus simplement de régulière, d'autres fois la performance est combinée à d'autres qualités, performance et agilité. Le potentiel pour ce qui le concerne est encore plus délicat à définir, il est souvent associé à de termes très subjectifs ;

Charisme, vision, leadership, engagement, exemplarité et habilité. Il s'agit toujours des compétences rares et exceptionnelles, les personnes talentueuses font très facilement telle chose que les autres peinent à faire.

Le contexte est très important à double titre, d'une part le talent peut apparaitre que si la personne à l'opportunité de le laisser s'exprimer dans sa fonction mais si son contexte de travail est favorable.

D'où une fois encore, l'intérêt du management des talents, pour que le talent s'exprime il est important chacun soit bien à sa place mais aussi que l'environnement riche de travail soit adapté, c'est pourquoi actuellement le mode projet et le coaching sont privilégiés.

Ils apportent pour l'environnement riche de challenges et de libertés. Un talent peut égalent désigner une personne à part entier et au-delà de son seul niveau de compétence ou potentiel.

Il peut être question de hauts potentiels, il peut s'agir aussi d'un talent pour une compétence rare, pour réussir à cette tâche pour une bonne gestion de formation et de recrutement.

Pour un meilleur soutien et une organisation simplifiée de la gestion des talents, qui a du talent est celui qui manifeste de potentialité, un atout individuel, le talent est une caractéristique propre un individu qui se développe au cours de son bon parcours.

La gestion des talents peut être considéré comme un facteur clé de succès dans une société bien menée elle favorise la gestion des compétences en interne, la mobilité ou encore l'optimisation des performances, c'est encore bien sûr la nation de compétence et la capacité à produire des résultats, donne à l'individu qui le possède un caractéristique propre à un individu qui se développe au cours de son parcours professionnel et de ses souhaits d'évolution.

Contrairement à une compétence qui peut s'acquérir et se développer par la formation ou l'expérience, une personne douée en telle activité, il y a du bonheur dans toute espèce de talent, l'intérêt et le talent sont les seuls conseillers consciencieux et lucides, la volonté peut et doit être un sujet d'orgueil bien plus que le talent.

Sait-on bien juste à quel point il faut peu de talent pour réussir ?où l'on fait appel au talent c'est que l'imagination fait défaut. Des règles pour les grandes âmes, elles sont pour les gens qui n'ont que le talent qu'on acquiert le caractère qui parfois demeure étranger au talent, anime toujours le génie, le génie c'est Dieu qui le donne, mais le talent nous regarde mais avec le talent on fait ce qu'on veut, avec le génie on fait ce qu'on peut.

Quand on fait quelque chose avec facilité on croit toujours avoir plus de talent qu'on en a, le talent est quelque chose qui existait chez quelqu'un dès sa naissance, par opposition à ce qu'il a acquis, un don inné qui appartient au caractère fondamentale de quelqu'un, avoir le sens inné des affaires pour certain, le talent est un don, l'ensemble des compétences rares, conféré à des personnes d'exception. Pour d'autres, il existait un talent en chacun de nous, une combinaison rare des compétences susceptible d'être développé, le talant repose sur une grande partie d'inné et le second privilégie ce qui peut en être acquis cette différenciation est insuffisante pour dire ce qu'est le talent, d'autre talent se développe avec la pratique, le talent est une notion abstraite.

Mais la définition ne fait pas des distinction entre que l'on qualifiera d'inné et le talent par excellence, elle ne fait lieu que d'une certaine maitrise et de s'avoir faire dans un domaine, en effet on peut avoir une certaine facilité sans travail particulier joie de travailler mais il existe aussi le talent acquis par le travail, sans particulière mais avec un gout une passion pour ce qu'on fait la distinction entre un vrai et faux talent, on peut alors se demander ce qu'est un talent vrai ?

Est-il vrai que les réels talents sont ceux qui trouvent leur bonheur dans le travail et non ceux qui pensent qu'a en finir avec leur tâche ?

Dans la société on peut remarquer que certains jeunes se distinguent dans certains domaines sans être particulièrement passionnés, ils ont été habitués à obtenir de bons résultats sans mettre la main à la patte donc les jeunes ne vont pas certainement commencés à travailler car ils n'ont pas le besoin.

Cette aisance peut provenir d'un travail antécédent ou alors être inné pour avoir du talent faut être convaincu qu'on a en possède c'est un don reçu à notre naissance une capacité naturelle à réaliser des grandes choses, en effet beaucoup des personnes ne font rien pour développer leur talents, certaines sont inactives par fainéantise, d'autres parce qu'elles ne savent tout simplement pas qu'elles possèdent un talent.

Pour avoir un talent il faut la volonté il n'y a plus qu'à savoir où le trouver tout d'abord un talent est aptitude qui se travaille il y a un adage qui dit :

Celui qui combat peut perdre mais celui qui ne combat a déjà perdu, puis y parvenir il faut faire des efforts et repousser ses limites, le talent ne se travaille pas de temps en temps mais chaque jour, lorsqu'on est inconscient de notre talent inexploité, celui-ci est perdu.

Le talent caché, beaucoup ne savent pas qu'ils ont du talent pour d'autre ce talent est inné, le talent est une question de volonté et fait appel à des valeurs, il se développe grâce aux efforts fournis et à l'expérience acquise, le talent est plus un atout naturel il a besoin d'un environnement particulier pour être détecté en tant que talent au sein de la société certains peuvent déjà être identifiés notamment par les résultats produits.

Le talent s'exprime de deux façons différentes ; la réalisation des performances particulièrement brillante apportant une forte valeur ajoutée à la société est une grande capacité d'innovation ce talent ne mesure pas en terme des performances mais par une aptitude à se démarquer de l'existant et créer des ruptures.

Le talent s'exprime également par des aptitudes rares ou particulièrement précieuses pour l'activité de la société par une capacité hors du commun, une personnalité ou encore une implication et un engagement très fort.

Les talents ne sont pas forcément tous identifiés dans la société, certains, les détecteurs ont alors un rôle phare ou pressentir les talents sur lesquels il faut miser. Leurs objectifs seront de les détecter, les talents suffisamment tôt pour qu'il ne s'exprime pas dans une autre société.

Les faux talents voudraient toujours avoir terminé et le savent jouir de leur talent, mais les vrais talents ceux qui sont réellement grands trouvent le suprême bonheur dans le travail tout d'abord, évidemment le talent évoque les habilités et savoir-faire d'un grand professionnel.

Ce talent n'est pas dissimulable, il est spectaculaire et apparait dès qu'il en est fait usage. Il revêt un caractère d'exception, de rareté qui se traduit par des résultats tangibles et concrets dans la société, ils personnifient leurs maitrise absolue d'une pratique déterminée, ainsi, on évoque les talents par leurs immense contribution, par leur valeur ajoutée essentiel à une société ou même parfois parce qu'ils ils apportent à l'humanité toute entière. Les talents appelle et attire en soi la reconnaissance.

Comment recruter un talent ?

S'il est rare, il faudra déployer des stratégies de prospection avancée et personnalisées aux profils recherché le formateur a alors un rôle phare pour pressentir les collaborateurs sur lequel il faut misée, son objectif sera de détecter les talents suffisamment, un talent inné n'a aucune utilité si on ne l'exploite pas en travaillant, un travail méthodique sur le long terme permet d'acquérir un certain talent.

Comme pour toute chose, le talent va aider à arriver à un résultat plus rapidement, le talent c'est beaucoup plus le pratique ou travail, si cela peut aider le talent, le talent vient très souvent avec des stratégies encore faut-il des bons exercices pour plus de clarté ce qu'un homme né avec du génie fait mieux ce que personne ne lui a montré à faire ces caractéristiques liées à l'esprit paraissent comme inné, naturel et associé à la spontanéité.

Ces jeunes-là nous prouvent que le génie ne s'apprend pas, les jeunes expriment leurs talents aux travers les créativités, les talents n'a pas grand-chose à voir avec le succès, au lieu de cela, c'est quantité des pratiques délibérée qui fait la différence.

L'expérience, les talents, les génies, peu importe le terme qu'on lui accorde, s'obtient par le travail le talent inné et non seulement bien présent mais également spécifique à chacun de nous de plus celui qui génère l'efficience professionnelle chaque personne possède un référentiel interne chaque personne est structurée autour d'un « A.D.N » d'efficacité et d'évolution qui lui est spécifique.

C'est le référentiel interne qui conditionne les mécanismes de sa pleine efficience professionnelle soit la personne l'intègre dans sa fonction, et dans ce cas, elle tend naturellement vers posture professionnel adaptée et pertinente, soit elle l'évite dans ce cas elle dérive progressivement un mécanisme de survie qui l'éloigne de sa capacité naturelle à pouvoir s'adapter avec le pertinente aux besoins et d'évolution de sa fonction. Le talent ne s'improvise pas, il faut du travail pour atteindre les objectifs fixés. En effet l'encadrement ou la formation des talents régulière des échanges plus ou moins réguliers avec les collaborateurs.

Echanges qui se matérialisent entre autre, par l'organisation et pilotage des réunions du travail plus ou moins formelles il s'agit là de la base d'une communication managériale efficace pour l'encadrement des talents, un pilier de l'intelligence collective.

Par ailleurs, des échanges avec les différents interlocuteurs professionnels, notamment dans le cadre de la gestion des talents, sont cruciaux pour atteindre les objectifs fixés et mené le projet en son terme.

Pour encadrer les talents efficacement vous devez ainsi parfaitement maitriser les techniques d'animation et connaitre les différents outils à votre disposition. Aujourd'hui nous avons constaté dans la société que la plupart des talents se voient meurt leurs compétences par manque de repère et des moyens appropriés de la part de leurs parents respectifs.

Cette malencontreuse logique ne permet pas aux jeunes talents qui sont dans la rue de bien s'épanouir dans la vie active et d'avoir un avenir meilleur, par contre elle déprave la majorité des talents qui par oisiveté s'adonnent pour les uns, chaque jeune a sa propre histoire certains se retrouvent à la rue parce qu'ils sont orphelins d'autres parce qu'ils sont dans une famille décomposée et qu'on ne veut plus d'eux.

Il y a aussi tous ceux qui sont une charge économique trop lourde pour leurs parents beaucoup aussi prennent la rue à cause des mouvements évangéliques ou des églises de réveil qui les accusent de la sorcellerie, ils survivent grâce à la mendicité pour tenir dans cet enfer, les jeunes fument du chanvre et boivent l'alcool ces dépendances ajoutées à la violence des chocs traumatiques.

Souvent victime d'abus de toutes sortes, ces jeunes ont pourtant des droits ils ont pour milieu de vie et survie les rues. Fréquemment ils évoluent dans les décharges publics en rupture avec leur milieu familial, le phénomène jeune de la rue à des multiples combinaison des facteurs familiaux, économique, sociaux et politique jouent un rôle important sur leurs situations, ils sont confrontés à bon nombre des problèmes.

En effet, évoluant dans un milieu généralement qualifié des dangereux, ils encourent d'importants risques certains de leurs droits sont par conséquent bien souvent compromis, les jeunes qui sont dans la rue n'ont souvent pas accès à une alimentation saine et à quantité suffisant car vivant dans la rue, ils n'en produisent pas et n'ont pas d'argent pour en acheter, leurs santé est fortement compromise.

En effet, ils n'ont pas accès à des installations sanitaire, en raison des manques d'hygiène les jeunes qui sont dans la rue sont exposer à des différentes maladies, leurs état de santé est souvent inquiétant sans aucun soutien pour les soins, ces jeunes doivent s'assumer et se prendre eux-mêmes en charge d'autre part il est fréquent que les jeunes qui sont dans la rue pour échapper à leur réalité consomment du cannabis, de l'alcool.

Ces conditions de vie très dures ont malheureusement un impact négatif sur leurs développement physique et psycho-social mais également sur leurs développement culturel et économique ces jeunes ne sont évidemment pas scolarisés, de ce fait ils ne bénéficient pas de même opportunité que les autres jeunes.

En effet le manque de perspective d'avenir et l'absence des formations professionnelle entravent leurs chances de trouver un emploi et de quitter définitivement la rue.

Les jeunes de la rue sont souvent victimes de discrimination généralement, les adultes ont des regards inquiet qui les stigmatisent, ils sont par conséquent souvent associés aux dangers des rues.

Dès lors il est souvent difficile pour ces jeunes de réintégrer la société, les problèmes des jeunes qui sont dans la rue est dépendant de leur statut ainsi, la prise en charge des jeunes de la rue doit, pour être efficace porter sur les divers différentes situations des rues, autrement dit sur les divers profils des jeunes.

Ils emportent dès lors d'analyser le rapport qu'en entrainent les jeunes avec la rue, devons-nous jouer un rôle individuellement et collectivement pour faire de ce monde un meilleur milieu de vie pour tous les êtres humains et pour sauver des jeunes talents qui sont dans la rue, pouvons-nous prendre plusieurs mesures pour améliorer le sort de tous les êtres humains et éviter aux jeunes de la rue de ruiner leurs vies.

Pour protéger les jeunes de la rue des activités illégales, ils doivent être envoyés dans des centres de formation fonctionnant comme refuge, où ils peuvent se sentir en sécurité, cela donnerai à ces jeunes vulnérables la possibilité de vivre dans un endroit propre avec des aliments hygiénique à manger, les lieux d'accueil où les jeunes doivent être instruits, doivent être construit des services médicaux du centre de formation sauveraient les jeunes de la rue et les protègeraient des maladies.

Les différentes activités, créativités réalisées dans un centre de formation leurs permettraient de développer des compétences mentaux, une compagnie des bons amis leurs permettrait de penser positivement à la vie, un refuge pour les jeunes de la rue pourrait épargner aux jeunes de la rue toute implication dans les activités illégaux dans le monde extérieur, sa demande du travail pour l'avenir prometteur des jeunes de la rue.

La conscience vient avec un haut niveau de l'éducation enseigne à ne pas perdre le temps et à utiliser les compétences dont on dispose pour l'amélioration et la prospérité d'un pays.

Un pays n'a jamais franchi une étape importante sans un pourcentage élevé de la population éduquée, il y a beaucoup de potentiel chez les jeunes de la rue qui est négligé et gaspiller.

On doit créer des opportunités pour éduquée et sauver des jeunes talents qui sont dans la rue afin de créer un sentiment de sensibilisation.

Sauver un talent de la rue est un pas important vers le développement et la prospérité de la nation, jeune de la rue est une source de confusion et d'imprécision, pour les uns, jeune de la rue signifie victime chez d'autres cette appellation éveille l'image d'un délinquant provenant des classes dangereuses, les jeunes de la rue subissent l'incompréhension et l'animosité de la population, souvent peu informer.

Cela renforce leurs vulnérabilités, cet ouvrage veut qu'on puisse mettre en place des projets visant à sauver un jeune talent de la rue grâce à des actions préventives auprès de populations vulnérables, ou bien mieux accompagner les jeunes vivant dans la rue.

Ces actions se déroulent notamment en Afrique subsaharienne, des jeunes victimes de violence, des jeunes en situation d'handicap, des jeunes travailleurs, des jeunes éloignés de l'école, des jeunes victimes de conflit d'armés, des jeunes en conflit avec la loi.

En Afrique comme partout dans le monde la rue représente le plus danger de la déstabilisation social, des efforts déployés en éducation des jeunes, les jeunes de la rue sont les victimes inacceptables d'un mal en développement de la société tout entière.

Ce sont des jeunes accablés des souffrances physiques psychiques et morales. L'apprentissage d'un métier redonne l'espoir d'un avenir meilleur, une formation appropriée, ils participeront au développement de leurs milieux et l'amélioration de niveau de vie en gagnant leurs vies et en devenant eux-mêmes créateurs d'emplois, l'encadrement et la formation sont encore les meilleurs moyens pour améliorer les vies des jeunes parmi le plus démunis et de leurs donner foi à l'avenir.

La rue est très nuisible pour l'éducation des jeunes, une bonne éducation assure l'avenir meilleur des jeunes.

Le jeune de la rue est un problème structurelle, propre aux pays de l'Afrique subsaharienne ayant une pauvreté assez important, ce problème en découlent d'autre nombreux et divers raisons pour laquelle il est difficile de trouver une solution unique qui ne marche qu'à long terme.

La prolifération des jeunes des rues dans le cas des pays de l'Afrique subsaharienne peuvent se développer en plusieurs versants ; des familles déstructurées à cause des divers facteurs comme :

- Pauvreté
- L'alcool
- Les drogues

Dans lesquels le jeune est un élément qui représente pour eux un moyen de violer leurs frustrerions, face à cette situation il faut tenir compte que dans un pays ou les ressources économiques destinées à l'assistance sociale sont faible le futur de ces jeunes est fortement compromis.

La société perçois des jeunes comme une menace des violents, vols, agressions, et les traitent en conséquence.

Les autorités agissent contre ce secteur de la population avec une totale impunité, en les agressants, dans la plupart de ce cas, en les exploitants dans leurs propre bénéfice au lieu de leurs donner une protection.

L'abus des drogues pour atténuer la sensation de faim, de froid ou de douleur rend difficile tentative de rapprochement et d'accueil de ces jeunes.

Le manque de toute éducation qui provoque un sentiment de sécurité et de méfiance chez le jeune tel qu'il l'éloigne du moindre espoir de sortir de cette spirale.

Des entités d'accueil avec des projets rigoureux à long terme développées à différentes phases de centre de formation professionnelle. Le développement d'un programme de sauver un jeune talent de la rue doit passer par un projet solide, réalisation à long terme qui contemple les différentes phases d'actions afin de pouvoir arranger la vie des jeunes.

Il faut être conscient que ces jeunes n'ont souvent pas connu d'autre habitation que la rue, la solution doit donc commencer par conviction personnelle de vouloir abandonner la rue, en effet si les jeunes ne pas convaincu et motivé il abandonnera le centre et reviendras dans la rue dans un lapse temps relativement court.

Le chemin à parcourir étant vraiment dur, ceci est donc le point de départ, le jeune doit être totalement convaincu d'avoir un futur hors de la rue, le programme doit commencer toujours en partant de la racine c'est-à-dire en essayant une première prise de contact et d'approche avec le jeune fondé sur la confiance.

Il faut tenir compte de la difficulté de l'approche puisque ces jeunes ont été trahi par la plupart des adultes en commençant par leurs parents puis les autorités, le fait de leurs venir en aide est supposé pour eux une nouvelle tentative d'abus.

Pour cela donc l'approche doit être considérer comme une tache à long terme visant à accomplir le but principal, c'est-à-dire l'abandon de la vie dans les rues. Il s'agit donc d'être prêt d'eux à leur écouté et leur montrer de l'affection si possible avec quelque chose qu'ils puissent y associé comme la nourriture, les médicaments, l'assistance sanitaire, en bref quelque chose qui le fasse sentir en confiance à partir de là il faut laisser le processus suivre son propre cours et attendre de voir les résultats ça se traduit par un véritable intérêt des jeunes à quitter les rues.

Les premiers centres, diurnes ou nocturnes sont des foyers. Des centres que les jeunes peuvent visiter et qui leurs proposent des différentes centre d'intérêt, sécurité, ils y passent nuit protégés de la violence des rues, hygiène, ils peuvent faire leurs toilette et avoir des nouveaux vêtements, des chaussures, santé ils ont accès aux médicaments et soins de la part de professionnels qualifiés.

Alimentation, on leurs offrent un repas chaud, formation des conférences pour les motiver à laisser définitivement les rues.

Il existe un premier foyer censé dans une seul priorité la désintoxication, on ne peut avoir dans un même contre les jeunes qui viennent d'arriver des rues avec des jeunes ayant déjà commencés un programme de désintoxication, ils courraient le risque de faire une rechute. Il est très difficile qu'un jeune talent brille lorsqu'il est mal encadré ou mal formé.

Là où la jeunesse est négligée attendez-vous régulièrement à des dégâts quand une jeunesse insatisfaite ressemble parfois à une lionne blessée, elle peut contre-attaquer même au moment où on s'y attend le moins, l'ignorant vit dans la pauvreté alors qu'il dispose tout un trésor dont il ne jouit pas, les conditions infrahumaines ans lesquels vivent les jeunes de l'Afrique subsaharienne méritent réflexions et interrogations, cette situation doit interpeler chacun de nous ; autorités, parents et jeunes.

Un bon encadrement et une bonne formation peut amener les jeunes talents à fournir les efforts utiles dans la société, beaucoup sacrifie pour leur avoir pour aller à l'occident.

Ce continent à besoin de sa jeunesse, elle peut construire ce beau continent si elle ne se laisse pas ignorante par les rêves d'un ailleurs meilleur. Chaque société qui prend à a légère la considération de sa jeunesse et tourne en dérision leurs situations creuse sa propre tombe car celui qui exerce un métier sans avoir les compétences s'exposent à l'humiliation, même avec des moyens minimes on peut toujours réaliser des exploits.

Question avant tout d'avoir la volonté pour dire aussi qui est devant un apprenant doit s'abstenir de le traiter un esclave, parfois l'apprenti finit par devenir plus grand que son maitre.

Notre continent offre au reste du globe un constate que saisissant, l'Afrique a tout mais les africains n'ont rien pire encore les conditions effroyables dans lequel nous nous débâtons sont à l'opposé de faramineuse ressources dont regorge le continent.

La cupidité des nombreux soi-disant intellectuels est à la base de la misère noire qui sévit et frappe de plein fouet le continent noire « l'ennemi du noire, c'est le noire lui-même » des nombreux jeunes à cause de la pauvreté se plaisent en nouer des relations avec la rue, probablement qu'ils ne mesurent pas toujours le danger pluriel qu'ils encourent, certains jeunes vivant une instabilité des logements et une situation précaire en terme de santé, et il manque d'éducation et on peu d'accès au marché du travail.

Ils ont peu d'expérience de la vie autonome d'itinérance est très rarement un choix, les jeunes de la rue ont les désirs de s'en sortir, l'itinérance chez les jeunes renvoie à la situation et à l'expérience que connaissent les jeunes qui vivent indépendamment de leurs parents et n'ont pas des moyens ni la capacité d'acquérir une résidence stable, sécuritaire et permanente.

Les causes sont la pauvreté, sous emplois, manque des logements abordables, chômage, manque de stabilité résidentielle, discrimination envers certains le jeune de la rue est une personne n'ayant pas atteint l'Age adulte et pour qui la rue au sens large est devenue la demeure habituel et le moyen d'existence il n'est ni protégé, ni encadré par les adultes responsables ce phénomène parle des jeunes vagabonds échappant à toute règle familial faisant leurs vies sur le trottoir.

Les jeunes talents sont les puissances lumineuses ils brillent comme un ensemble des étoiles, les jeunes qui se retrouvent à la rue sont toujours issu des milieux défrisés.

On pense souvent que ça arrive qu'aux autres mais ce n'est pas vrai, n'importe quel jeune peut tomber en crise personne n'est à l'abri. Certains partent de tellement loin que leurs cheminement tien parfois de miracle. C'est difficile d'évaluer le nombre des jeunes de la rue, leurs nombres varies selon la saison ces jeunes vivent dans une instabilité. La rue déforme la jeunesse actuelle, étouffe et tue les talents et les compétences des jeunes.

Cet ouvrage parle de la protection des jeunes contre la discrimination et leur garantit la liberté de circulation de parole, d'association, des religions et autres droits humains, tout s'engagent à promouvoir leurs participation dans la société.

Prendre de décision sur l'autonomisation des jeunes, cette situation s'articule autour des domaines prioritaires :

- Education
- Formation
- Développement de compétence
- Santé des jeunes
- Paix
- Sécurité

Fournir un cadre pour la conception et l'élaboration des politiques et des stratégies nationales visant à relever les défis de l'éducation et de la formation technique et professionnel dans le but de favoriser les développements économique et de créer d'avantage des richesses national ainsi que de contribuer à réduire la pauvreté en encourageant les jeunes talents et les innovations en créant des centres de formation.

C'est une réalité inacceptable pour un continent possédant une réserve aussi impressionnante des jeunes talentueux et créatif la situation de chômage des jeunes est une bombe à retardement qui semble maintenant dangereusement proche de l'explosion le taux de chômage inquiétant de la jeunesse africaine est souvent mis en parallèle avec la croissance économique du continent il faut également renforcer l'employabilité des jeunes en orientant les filières des formations vers des offres adaptées au milieu du travail et vers le métier d'avenir l'innovation permettra à l'Afrique d'enjamber les étapes et le développement en créant des centres dont on a besoin.

Par ailleurs si l'accès à la formation connait des réels progrès en Afrique la qualité des formations y demeurent insuffisantes, il trouve des solutions nouvelles pour répondre en cette engé les jeunes sont sous-représentés dans la vie politique du continent ce qui compte tenu de leurs poids démographique croisant constitue une sorte d'anomalie.

Ils ont également un rôle à jouer pour dynamiser la société au travers des associations par exemple domaine peut investir par les générations précédentes.

La culture et le sport concernent sans doute la jeunesse au premier chef, sont aussi des vecteurs important d'épanouissement personnel et de cohésion social, notamment dans le pays aux violences ou aux conflits armés.

La jeunesse est connectée au monde son ouverture au monde est l'un des facteurs favorisent une plus grande mobilisation de la jeunesse en faveur du développement de leur pays, il faut faire de la jeunesse une priorité miser sur elle, c'est miser sur le présent et l'avenir du continent.

Les jeunes africains sont porteurs d'une réelle dynamique d'innovation, la formation et l'apprentissage des jeunes sont des outilles transversales à mobiliser d'avantage pour atteindre les objectifs de développement durable, la société doit revoir leurs programmes des formations afin de s'assurer que les connaissances et les compétences acquise sont adaptées aux besoins des jeunes.

Les jeunes doivent développer la capacité d'entreprendre, il est nécessaire de promouvoir les sciences, la technologie, l'ingénierie et la mathématique. Dans le centre, les jeunes sont mieux placés pour participer à l'économie numérique, les jeunes doivent être encouragés à réaliser certains de ses rêves. Préparer la jeunesse africaine à l'avenir numérique, formons les leaders de demain de manière responsable.

Nous devrons penser en terme des systèmes alternatifs qui apporteraient une valeur ajoutée à la jeunesse africaine, il est évident que la réussite des jeunes africains exige une méthode de préparation qui ne se limite pas à l'acquisition des compétences techniques mais qui cultive aussi des aptitudes comportementales non enseignées dans les écoles.

C'est pourquoi les jeunes africains doivent chercher de toute leurs forces à jouer un rôle de leader ou du moins un rôle actif dans l'économie numérique et l'avenir du monde de travail nous fais comprendre que chaque génération à une responsabilité soit elle l'assume, soit elle l'a trahit, cet ouvrage est conçu pour être facile à utiliser chaque problème est présenté de façon à vous guider en dix règles dans le processus des relations de sauver un talents de la rue ou en faire l'analyse et trouver des solutions efficaces dans ce représente cette œuvre un manuel d'usage facile pour permettre aux parents, professeurs, pasteurs et ouvriers auprès des jeunes de guider ces derniers sur les champs de leurs talents, il permettra d'équiper les jeunes, en les aidant à résoudre les problèmes majeurs auxquels ils doivent faire face, cela va du simple défi d'attendre l'âge adulte aux traumatismes engendrés par des situations de crise extrême.

Les conditions des vies des jeunes de la rue sont alarmantes. Pour améliorer les situations, il est impératif d'associé les jeunes à la prise des décisions, il est grand temps de faire participer les jeunes aux décisions et à l'élaboration des politiques qui concernent directement leur avenir.

C'est d'autant plus nécessaire que beaucoup de jeunes, parce qu'ils sont exclus du développement, risquent de se sentir délaissés, de se sentir désintéresser de la vie citoyenne et de se tourner vers l'extrémisme, tous les jeunes espèrent réussir leur vie adulte faire des études, trouver un emploi stable, vivre long temps et en bonne santé. Les décisions que prennent les jeunes pendant cette ; pour les études, la vie professionnelle les engagements et la santé ont des conséquences importantes et durables sur chacun d'entre eux, et même sur les générations à venir.

C'est en prenant conscience du rôle qu'ils peuvent jouer dans la réalisation des objectifs de développement durable il existe d'importantes disparités en matière d'éducation sans la possibilité de décider si elle veut les jeunes et quand un jeune talent ne peut faire des formations, ni trouver un encadrement décent.

Dès lors, le pris en charge est non seulement une question morale, mais également une priorité économique. C'est sont des jeunes qui devront faire face aux conséquences du changement de demain, ce sont eux aussi qui proposent des solutions pour améliorer l'efficacité du développement et ce sont eux qui donnent le temps de campagnes visant à sensibiliser aux changements de l'avenir. D'où la nécessité de faire prendre conscience, dès le plus jeune âge, de la nécessité de faire avancer la société.

Il n'est jamais trop tard pour investir dans la vie d'un jeune, de plus en plus des études scientifiques montrent que c'est en investissant dans la petite enfance que l'on permet par la suite aux jeunes d'exploiter tous leurs potentiels, une solution pour les jeunes par les jeunes.

J'aspire à un monde dans lequel les jeunes pourront prendre leurs destins en main, un monde dans lequel ils pourront grâce à leurs créativités et leurs ambitions, être productifs et changer leur vie ainsi que celle des autres. Il est tout aussi important de déterminer ce qui pousse les jeunes émigré souvent, ils recherchent les meilleures conditions de vie, il faut trouver des moyens de recréer les conditions dans leurs pays natal, former ou encadrer permet de montrer aux jeunes talents, non seulement ce qu'ils peuvent faire mais également leurs faire découvrir leurs compétence et le faire comprendre qu'ils sont acteurs de la construction de leur parcours sans barrières.

Cet ouvrage à une importance active sur la formation des jeunes talents et impact directement leur avenir. Il est important d'agir en faveur de l'intégration professionnelle des jeunes celle-ci doit se décider le plus en amont possible, en valorisant leurs potentiels et leurs talents afin de leurs permettre de dépasser une meilleure connaissance du monde professionnel.

Les jeunes africains doivent aussi dépasser des contingences culturelles spécifiques qui peuvent lester leurs ambitions. Ainsi soutenir la jeunesse entreprenante ne peut être efficace que si cet objectif devient également une ambition sociétale et une réalité familiale, un accompagnement bien veillant de la jeunesse d la part des politiques, des familles, des professeurs, et des entreprises.

La reconnaissance de son potentiel et la confiance à sa capacité sont indispensables à l'émergence à une génération dont l"Afrique a besoin pour se développer en termes de création et d'emploi montrent que le développement économique passe aussi voire surtout par une meilleure prise en charge en considération des questions des compétences de la jeunesse l'implication des centres dans le système, d'apprentissage assoit leur implantation local et contribue à la construction d'un pool constant de compétences.

Bénéficiant des formations, les apprenants voient leur insertion professionnelle s'améliorer ou leur profit de création se consolider. Le chômage des jeunes n'est pas seulement une bombe à retardement mais c'est aussi une question de justice économique, la frustration de la jeunesse à ne pas arriver à la stabilité la rame partout contre de vents violements contraire au moment où son destin est de penser de construire et de réussir l'Afrique nouvelle.

Le manque de transparence les corruptions sapent encore trop souvent l'avenir de la jeunesse, alors que la jeunesse est la découverte du monde et met en commun ses désirs nous avons une grande génération des jeunes talents sans encadrement et sans formation des nombreux centres de formation sans toutefois créer des pistes de récupération pour tous ces jeunes talents.

MIX
Papier aus verantwortungsvollen Quellen
Paper from responsible sources
FSC® C105338

Printed by Books on Demand GmbH, Norderstedt / Germany